AF225352

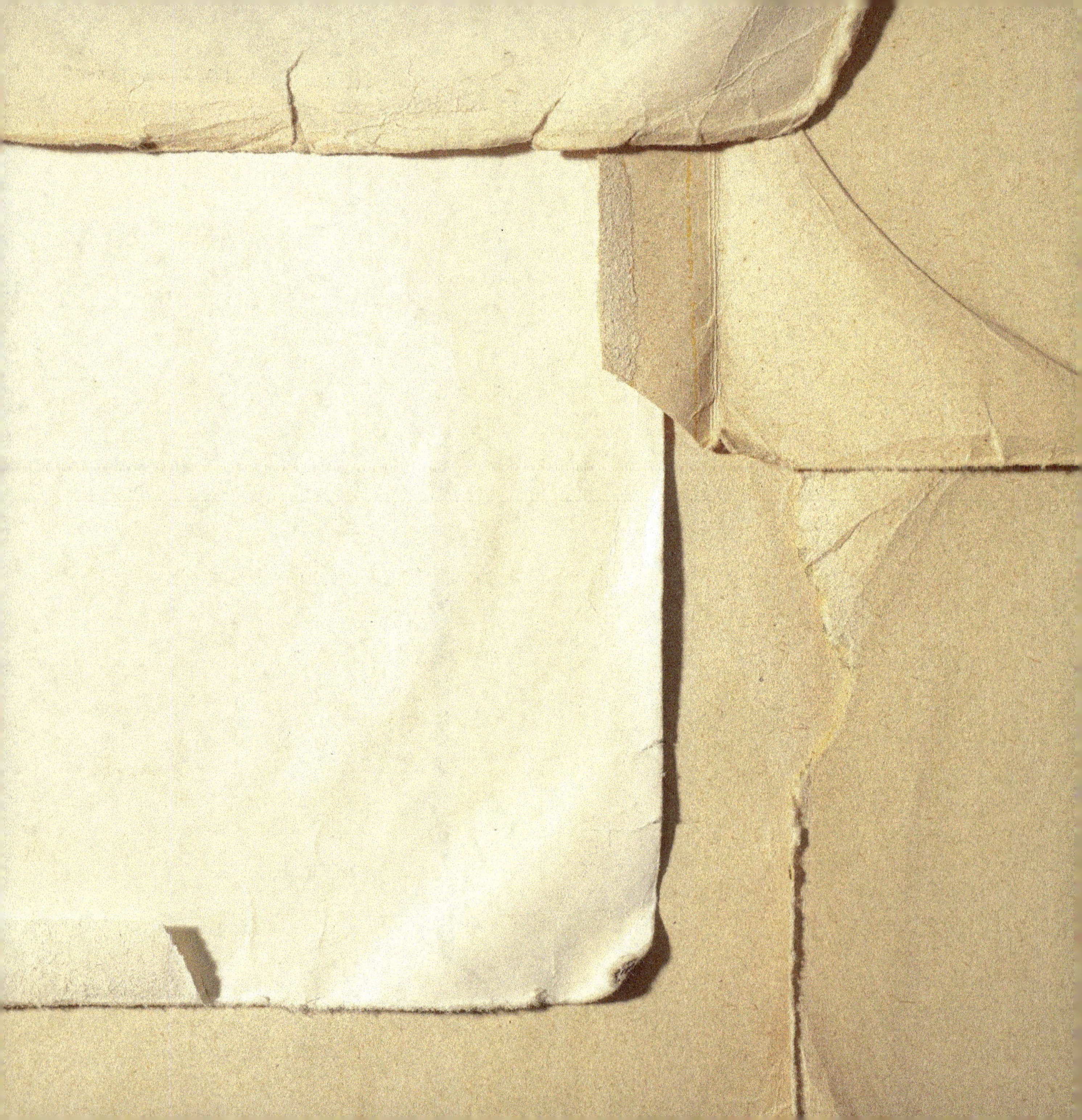

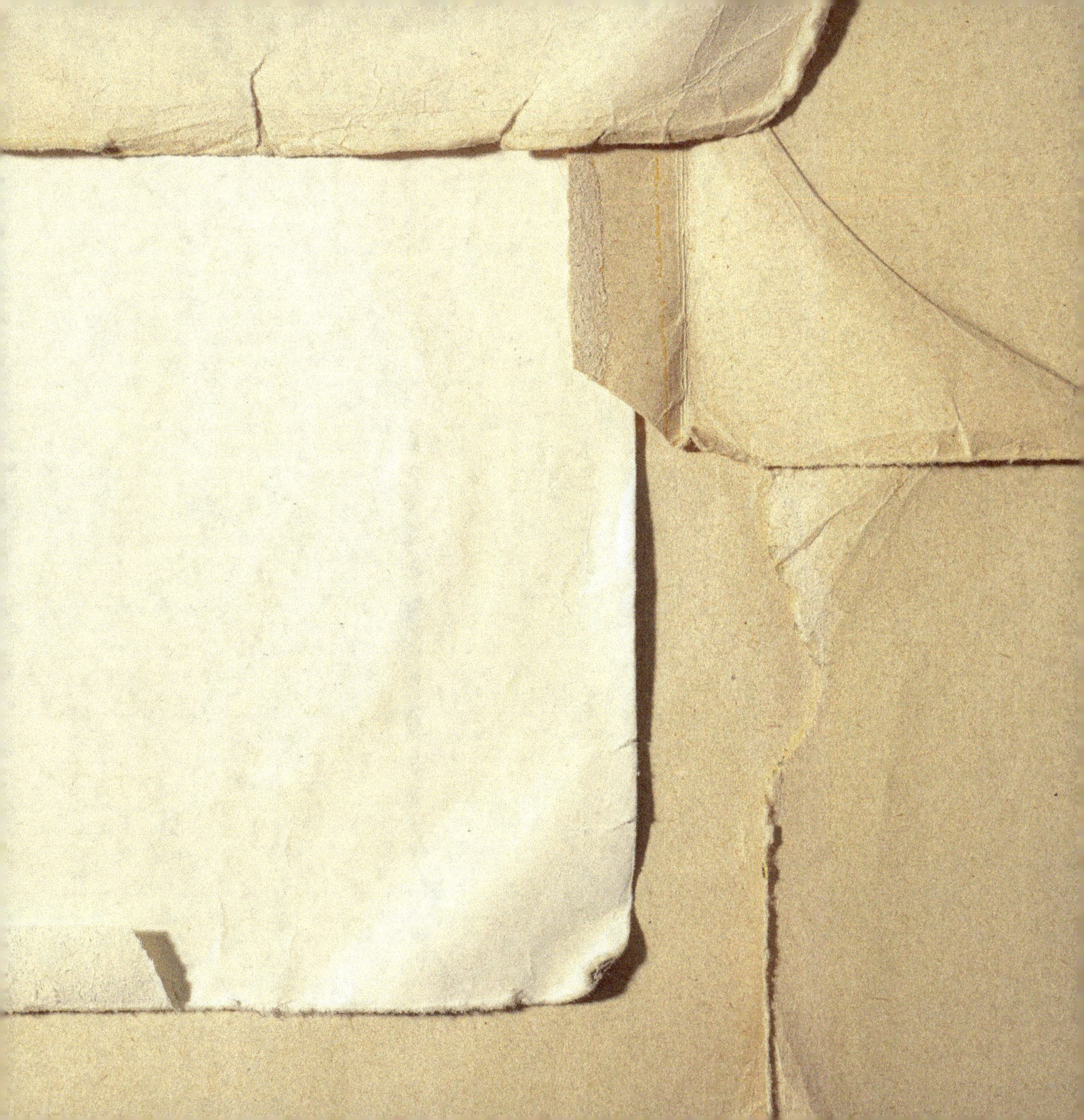

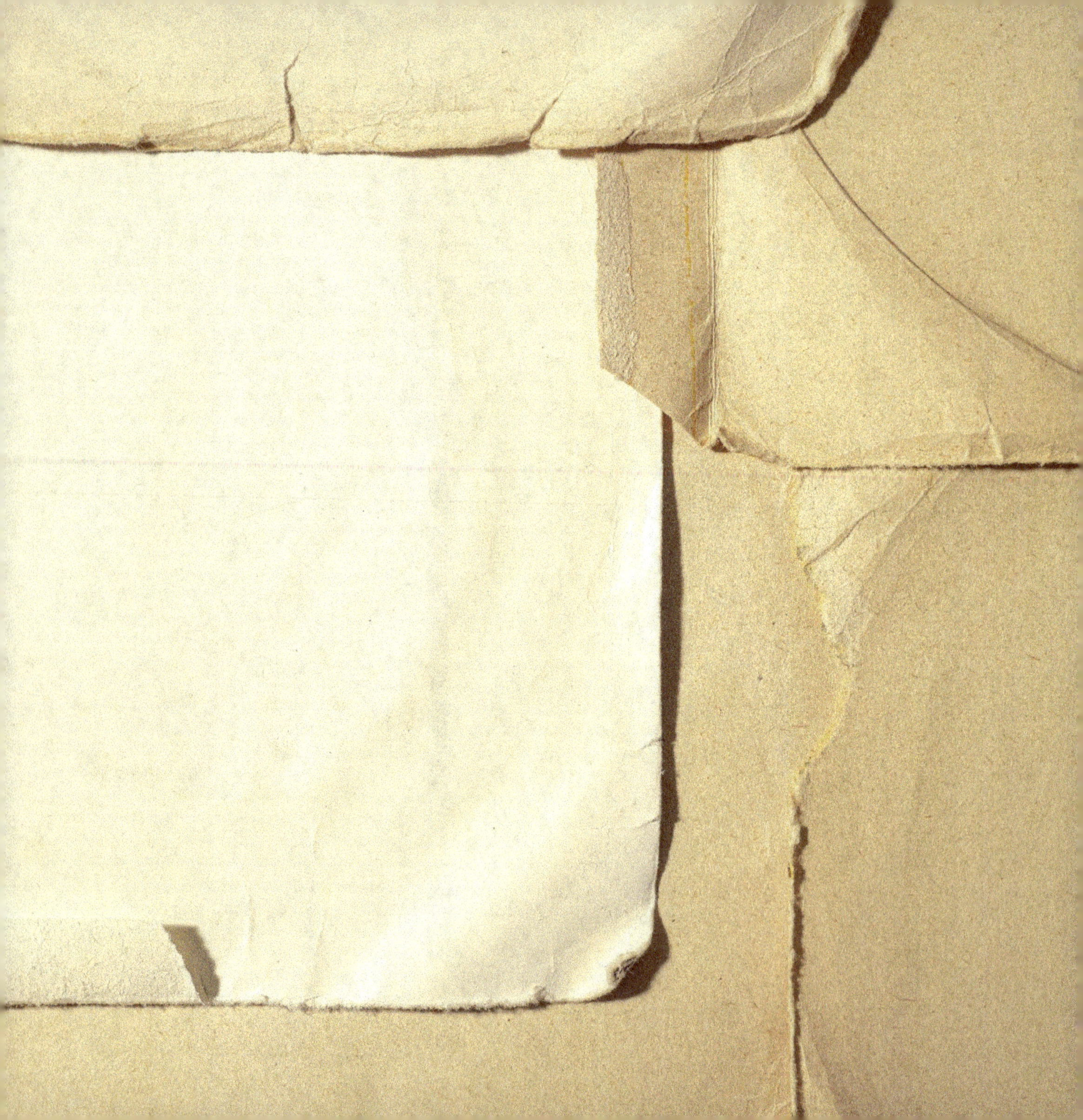

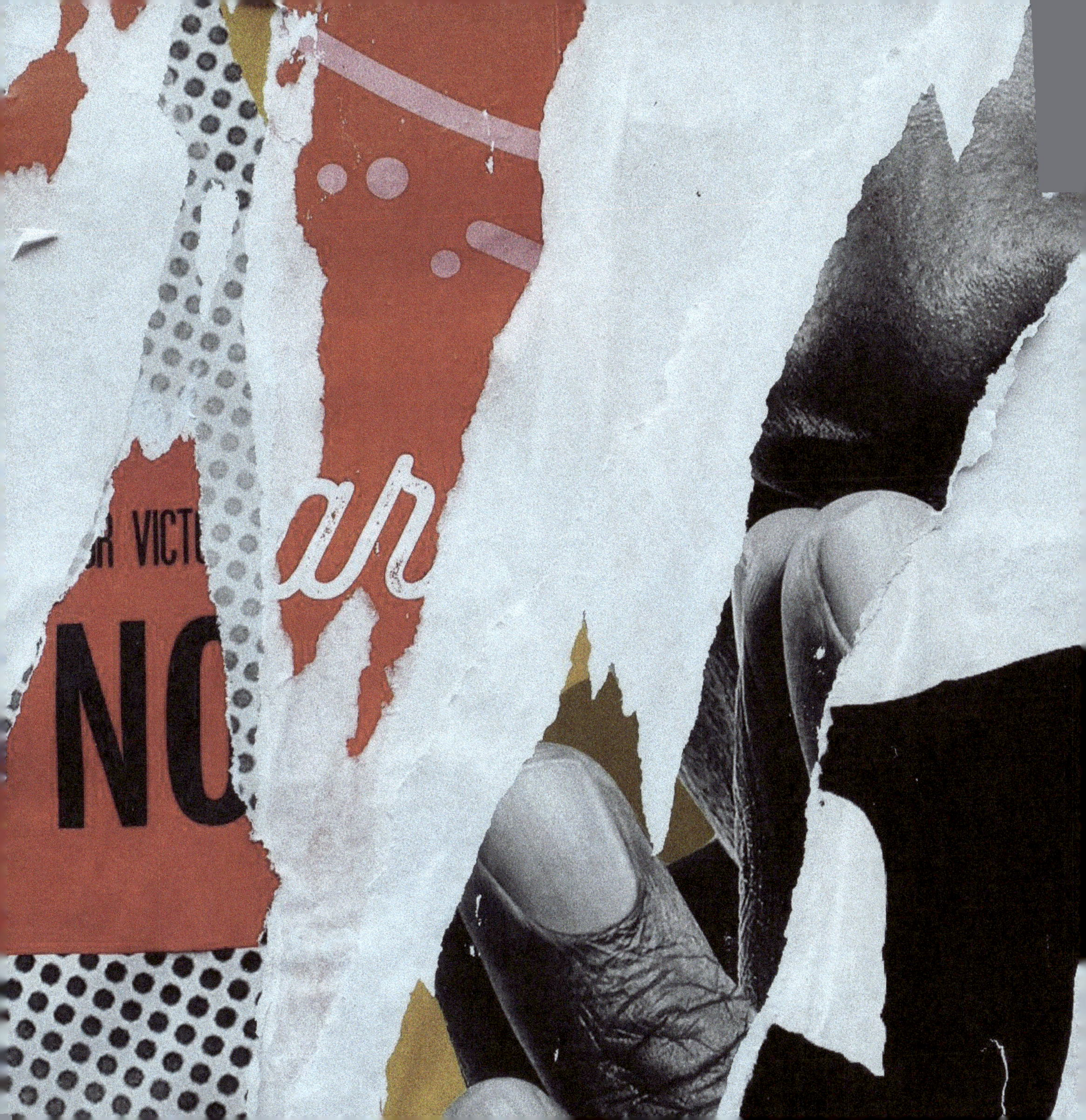

VICT
ar
NO

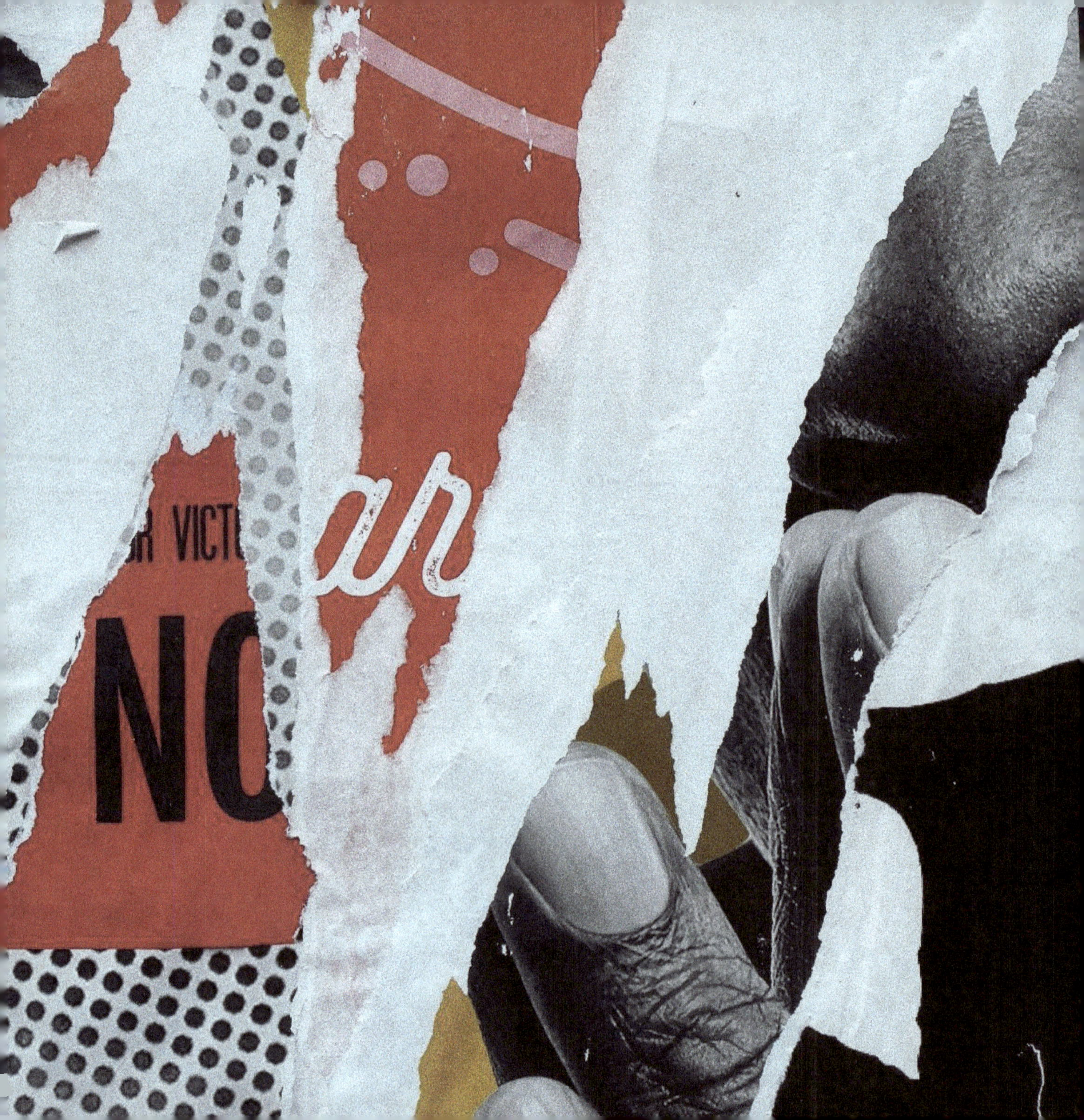
VICTO
ar
NO

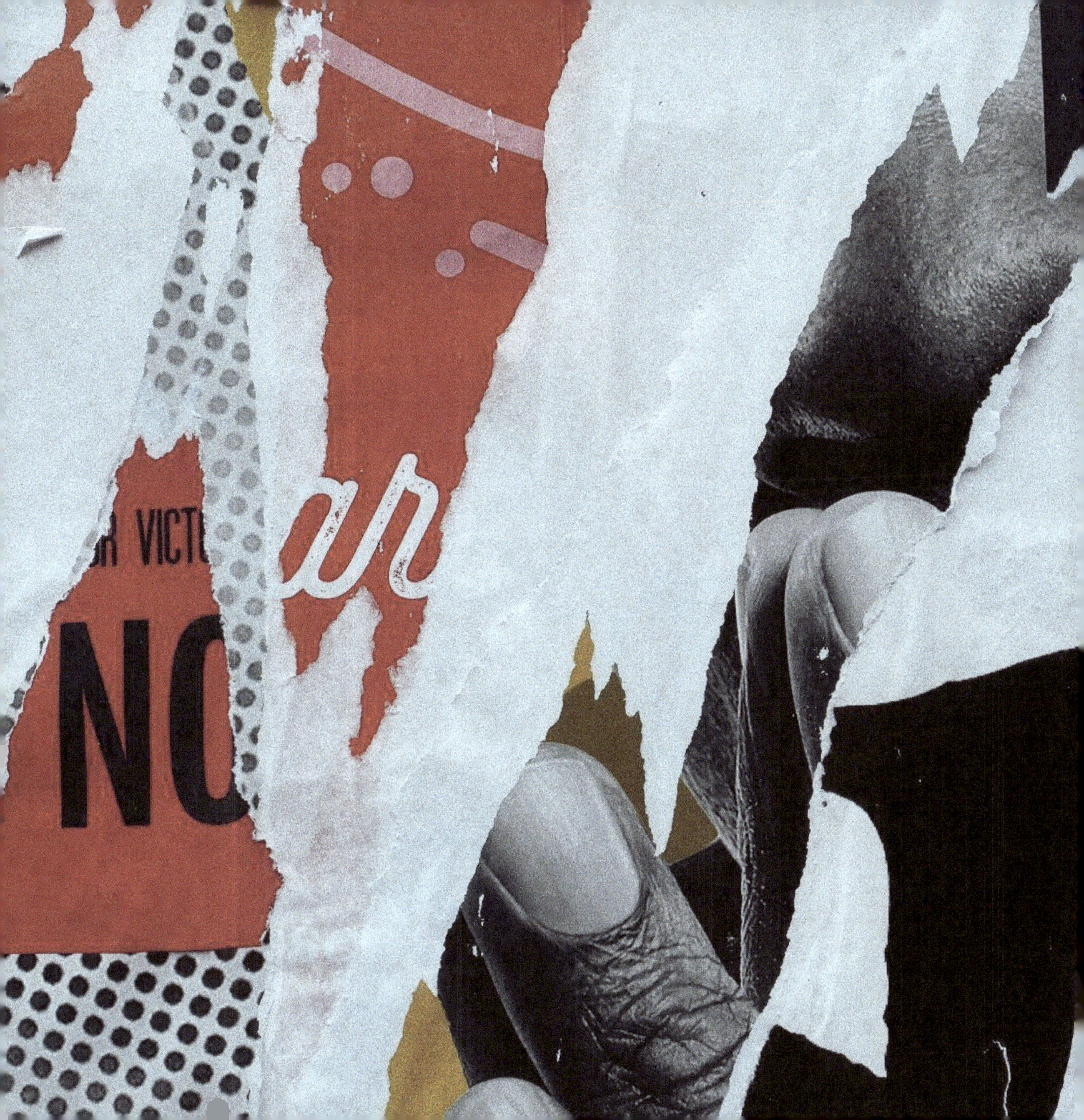

VICT
ar
NO

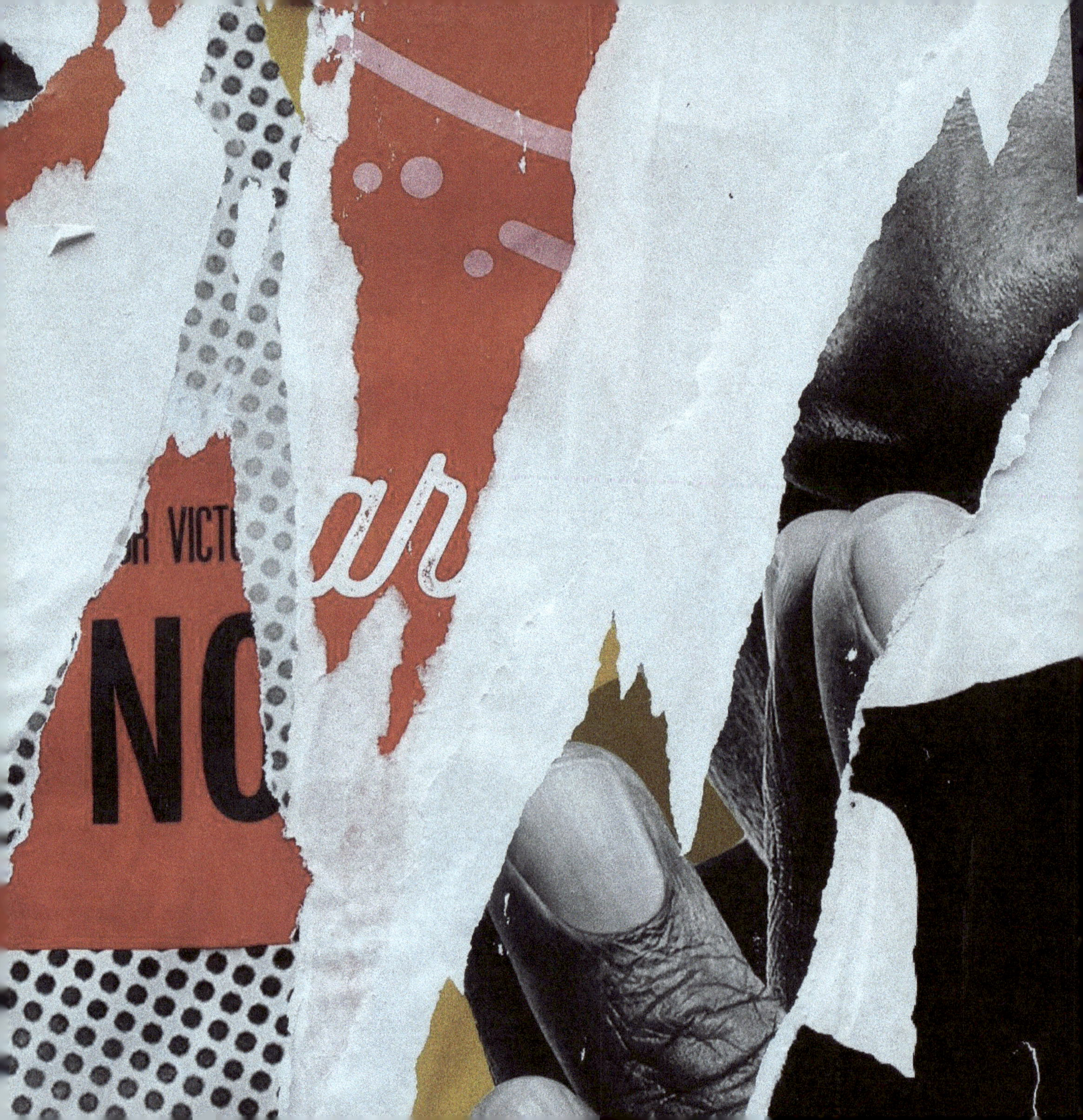
VICTO
NO
ar

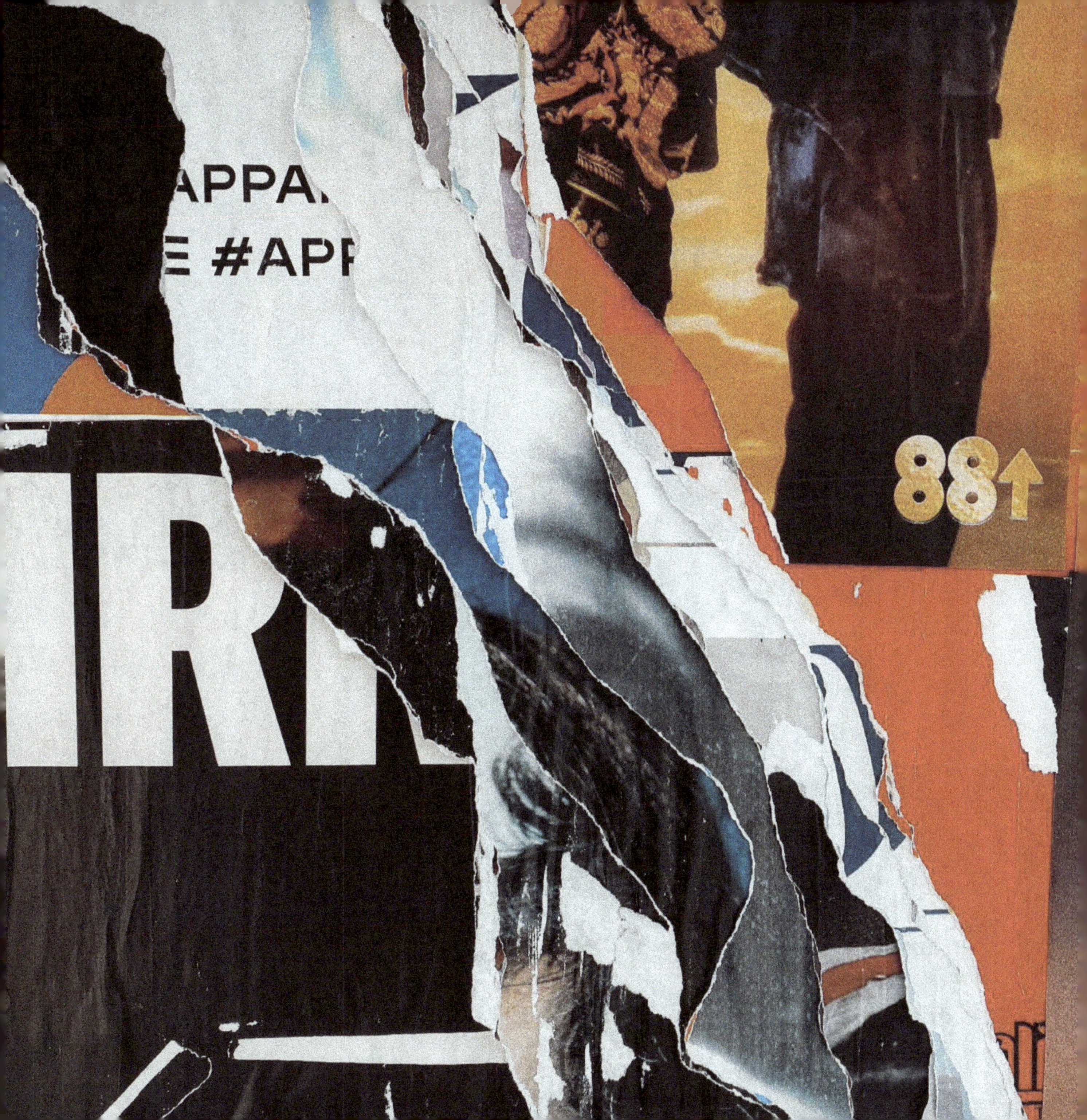
APPA
#APP
RR
88

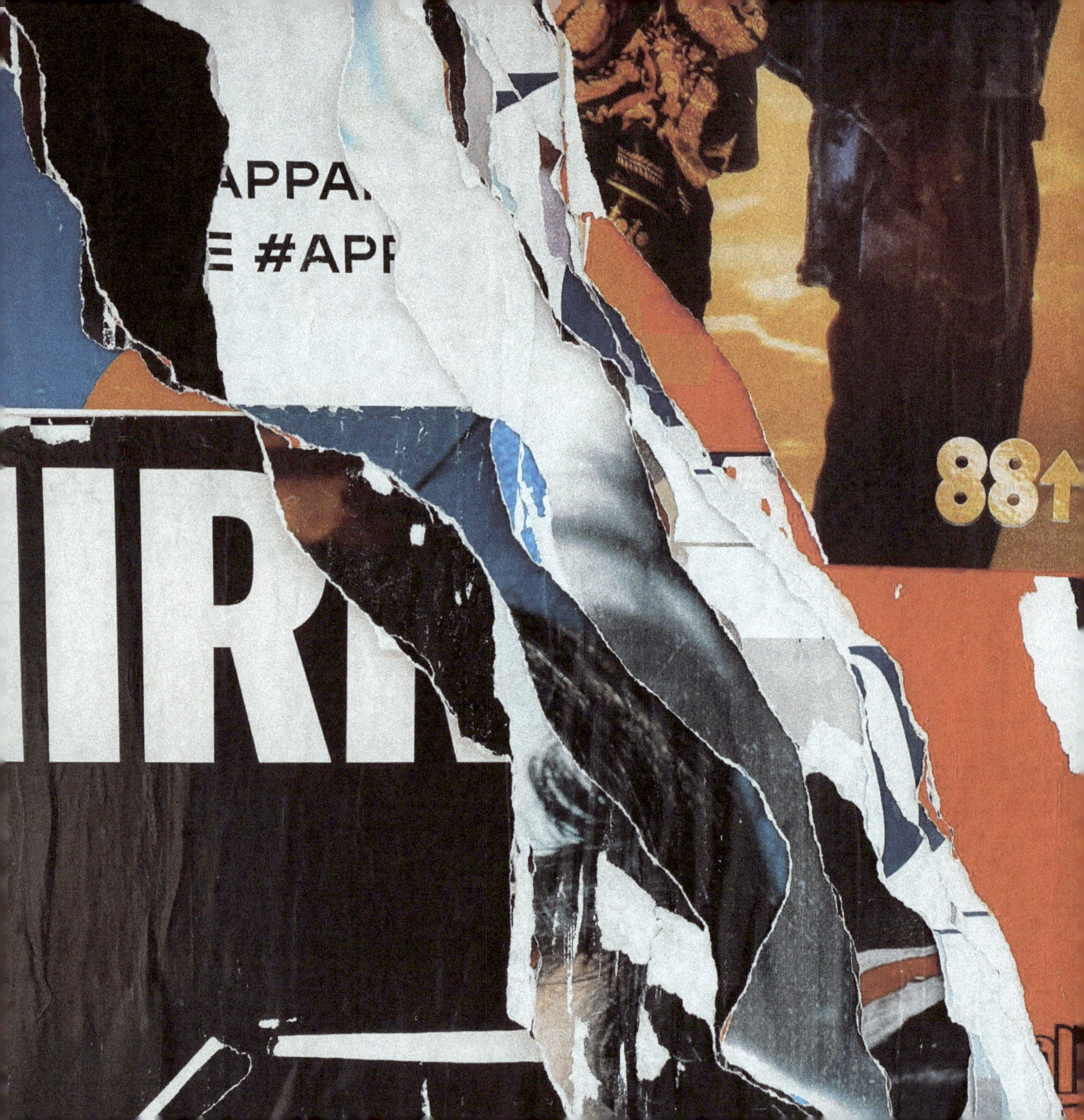
APPA
#APP
IIRI
88

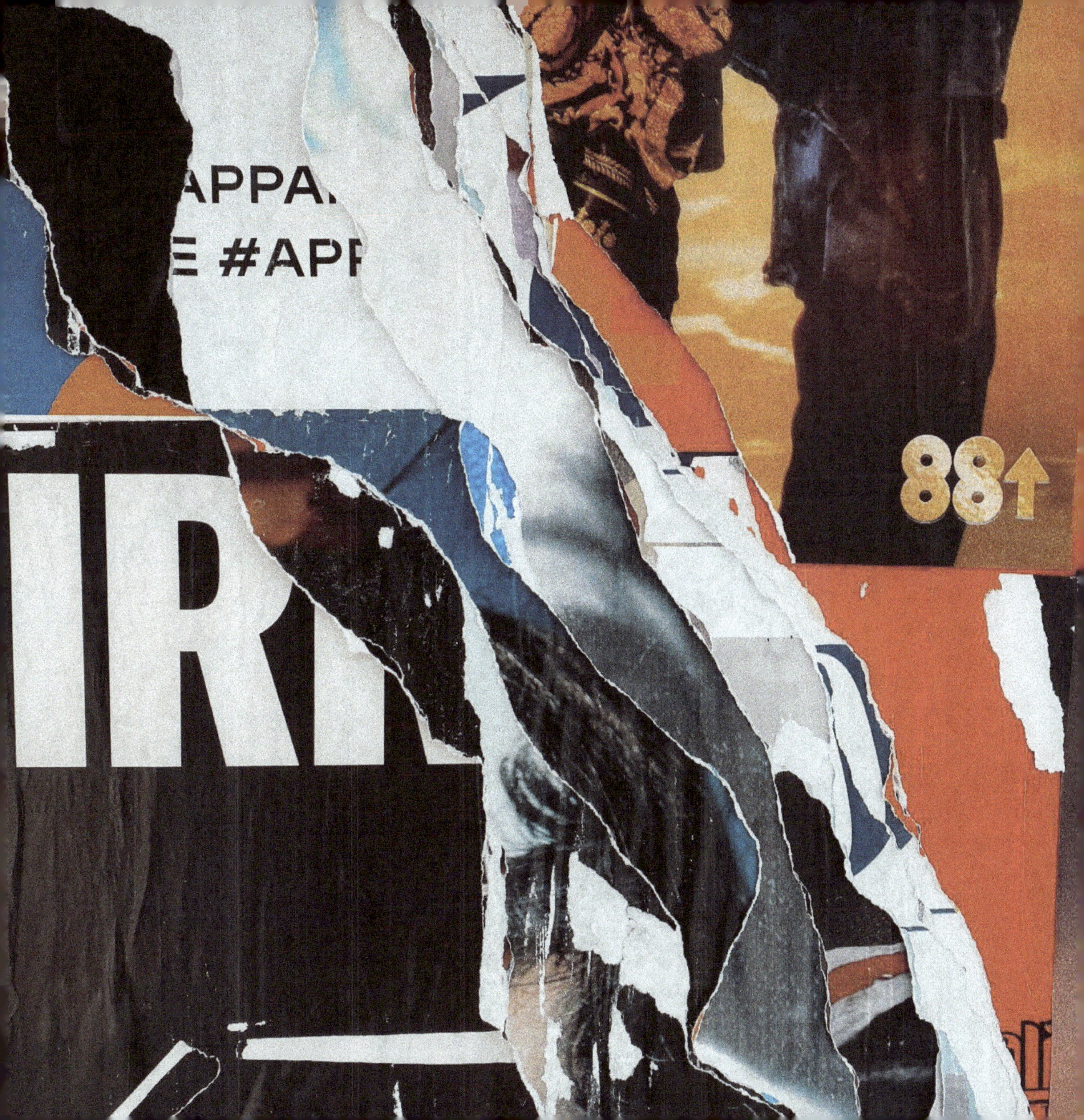
APPAR
E #APP
IR
88↑

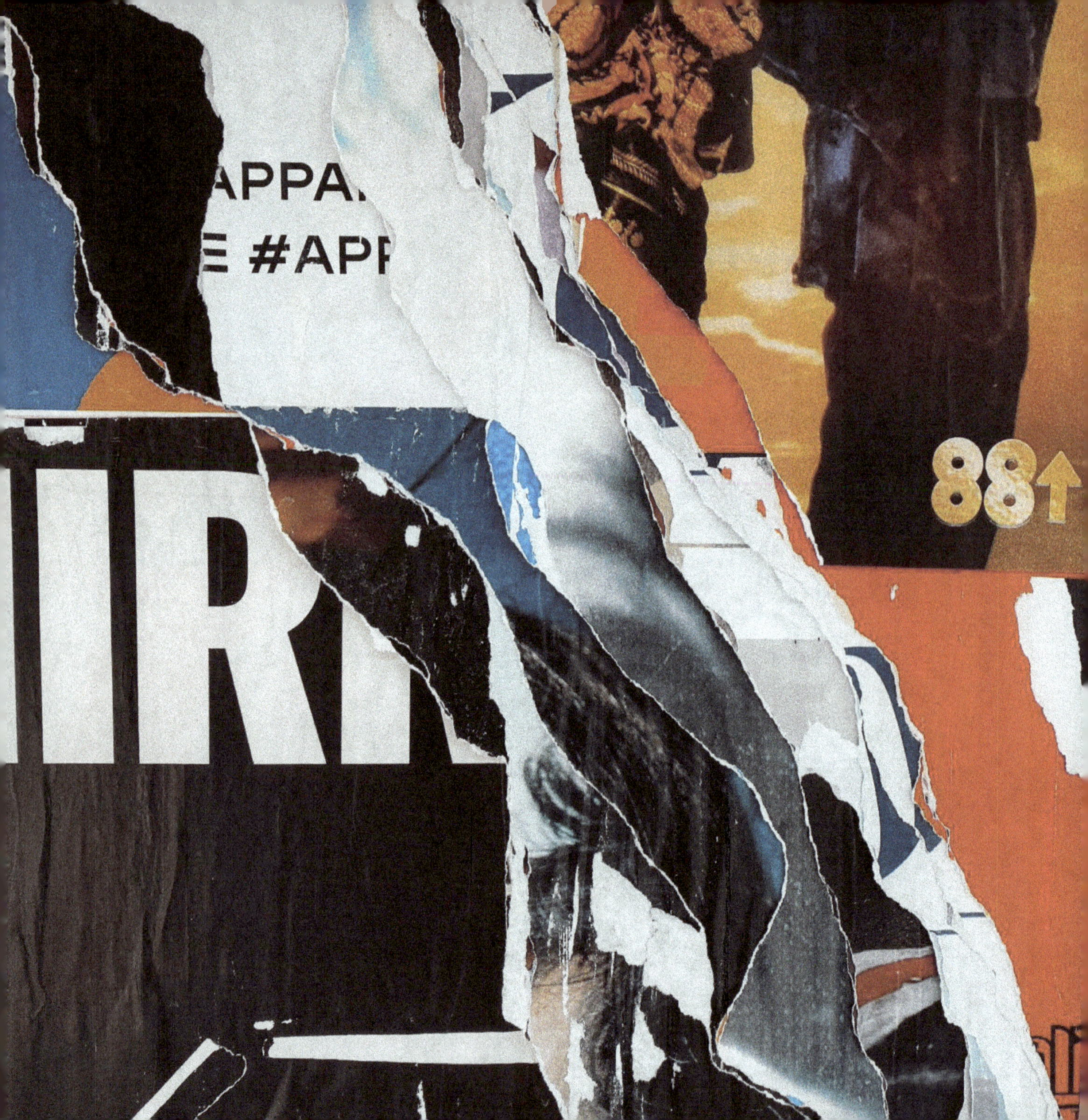
APPA
#APP
88